BALLADE À DEUX VOIX

BALLADE À DEUX VOIX

© 2018, Genieys, Agathe; Genieys, Anne-Marie
Edition : Books on Demand,
12/14 rond-Point des Champs-Elysées, 75008 Paris
Impression : BoD - Books on Demand, Norderstedt, Allemagne
ISBN : 9782322120949
Dépôt légal : mai 2018

Anne-Marie & Agathe

Genieys

Pour ce qui reste de la nuit

Les mots

Les mots, les mots de mon cerveau
Naissent, bondissent et se marient
Ils font la fête et s'ingénient
A dessiner un jour nouveau
Un mot par-ci, un mot par-là
L'esprit s'enflamme, le mot fait mouche
Il est mordant et botte en touche
Mais jamais il ne tombe à plat
Tantôt mot doux, tantôt maudit
Miel vénéneux il te susurre
A ton oreille les non-dits
De souvenirs soudains si durs
Les mots, les mots sont toujours là
C'est la jouissance et l'opulence
Les idées passent, le mot s'en va
Mais il revient en quintessence
Les mots séduisent, ils vous rassurent
Les mots bijoux, les mots parures
Masquent, maquillent et rendent beau
C'est carnaval comme à Rio
Et puis un jour les mots se fâchent
De la mémoire, ils se détachent
Les mots s'échappent et ça nous glace
Ils ne se mettent plus en place
Plus de bons mots plus de mots doux
Leur folle absence nous rend fous
Les mots ne sont plus là pour dire
Il est alors temps de partir

Tes mots

Tes mots me hâtent
Tes mots me plaquent
Tes mots salaces
Qui ne me lassent
Tes mots badauds
Comme des couteaux
S'enfoncent dans ma peau
Tes mots me hâtent
Tes mots me plaquent
Tes mots magiques
Qui ne me quittent
Tes mots fardeaux
Coups de ciseaux
Me découpent en morceaux
Tes mots ordures
Tes mots blessures
Tes mots raclures
Qui me torturent
Tes mots me hâtent
Tes mots me parlent
De temps à autre
Et se font autres
Des mots caresses
Des mots tendresse
Délicatesse
Tes mots calèche
Tes mots me lèchent
Tes mots fadaises
Tes mots... Foutaises
Tes mots qui m'aiment
Tes mots me peinent
Tu les sèmes
Je les aime

J'aimerais

J'aimerais tant écrire
Tous les soleils lointains
Les ciels azuréens
Les rires et les sourires
J'aimerais tant décrire
L'envie de tout connaître
Le besoin de renaître
Et de tout reconstruire
J'aimerais tant te dire
Les contours de mon coeur
Le sens du mot bonheur
L'ivresse et le délire
Embrasser l'univers
Savoir où va le temps
S'aimer toujours autant
Dans la fraîcheur de l'air
Composer des romans
Inventer des destins
Reprendre des refrains
Faire vibrer les amants
Mon coeur est habité
De toujours plus d'envies
Qui prennent vie la nuit
Mais au matin morts-nées
Car l'aurore, matin blême
Te réveille et te plombe
De tes rêves tu tombes
Tu es pourtant la même
La même au petit jour
Bien petite et fragile
Les épaules graciles
En grand besoin d'amour

Boussole

J'écris à l'encre de ta bouche
D'un rouge baiser
Un rouge d'alizarine
Qui te colore jusqu'aux narines
Ma rose des vents
Cardinal de mes repères
Ancré dans ma chair

Vagabondage

Aujourd'hui
Je te quitte
Grand-huit
En bakélite
Plus d'espoir de te retrouver
Comment peut-on espérer
Quand on est mal interprété
Est-ce que je romps le fil
Est-ce que je romps la chaîne
Quelle épaisseur
Pour quel linceul
Angoisse dans le cou
On se froisse
Comme des époux
La fracture est chair
Plane le canadair
Parcelle incandescente
Affaiblie, irradiante
C'est la glace qui se fend
La colère qui s'étend
Le bitume transpire
Sa sueur m'aspire
Y a des feux qui scintillent
Dans cette nuit qui vacille

Clapotis dans mon cœur
Des bruits de moteur
Ciel céruléen
On s'abstient
On fait comme si
On était mort
Alors que l'envie
Nous mord
Tu es mon alpha
Le premier son de ma voix

Sensations

Soleil, moment béni où ta douceur me prend
Ma peau revit et mon esprit somnole
Ta chaleur me pénètre et m'habite en un plaisir sensuel
Mon corps palpite à ta subtile caresse
Mes yeux s'entrouvrent à peine
Une infinie blancheur envahit tout l'espace
Et je perds pied
J'atteins l'acmé charnel
L'hypnose des sens
Le nirvana des initiés
Etoile de feu tu m'enveloppes de tes rayons brûlants
Tu me fais oublier les tracas et soucis de la planète terre

A la brune, on se poudroie

Balbutiements

A l'Embouchure de tes lèvres
Je me jette
Sentiments engourdis
Suavité étourdie
Parcourir ta sensualité
En être abreuvée
Sentir ton grain de peau
Ne plus dire un mot
Juste écrire tes contours
Entendre dans ta voix les détours
Se déplacer sur ton épiderme
Le trouver doux et ferme
D'appétit me nourrir
D'une envie, un empire
Des secousses à la hauteur
Court le bonheur
C'est un jour blanc
Carotide en chambardement
Dehors le ciel est bas
Mon éther c'est tes bras

Imaginer

Imaginer ses lèvres
Descendre sur sa plèvre
Imaginer sa peau
Et moi à fleur de peau
Imaginer ses boucles
Qui tournent dans ma tête
Etre si loin de sa chair
Etre si loin ma chère
Ne penser qu'à son être
Mais ne plus rien paraître
Un germe de poussière
Disparu dans ses terres
Limon opulent
Dénudé, dépouillé
Un désert désolé
Imaginer son corps
Qui dans un sursaut se dore
Imaginer ses pensées
Se recueillir sur moi
Imaginer ses mains
Sur une forme sans chemin
Etre si loin de sa chair
Etre si loin ma chère
Tous les jours mon amour
C'est pas assez pour se rappeler
Une mer à la nage
Un aéroport pour plage
Hébrides divisées
Îles mystifiées
Imaginer encore
Imaginer plus fort

Je comptais un à un ses motifs
Ses cicatrices dans le dos
Sont des œuvres à sa peau

Beauté sans qualificatif
Je parcourais ses traits
Comme un portrait

Ta peau

Peau de bébé
Marquée par les années
Toucher assassin
Grain si fin
Mains succulentes
Froideur bouillante
Chaleur tout à l'heure
Tellement aguicheur
Glace à la menthe
Tu me hantes
Ta croisière sur mon île
Mon tour sur ton monde
Le vrai amour rutile
Sur l'éternité des ondes
J'ai tes mots sur les hanches
Tes gestes dans la bouche
Ni début Ni fin
Doux et dévorant
Taillé comme un diamant
Baisers tatoués
Toi l'émancipé
Je pense à toi

J'ai vu la lueur passer dans tes yeux
Tour à tour l'obscurité, la lumière et le doute
Tes frayeurs balayées
Réminiscence d'une amertume
Turner peignait ton regard
On pouvait voir le brouillard
Tes yeux en recrachaient les larmes

C'était

Manque de retenue
Motifs qui échappent
Satellites distendus
Peau écarlate
Combustible, oxygène
Incendie à la chaîne
Eau trouble
Dans l'cristallin
Chirouble assassin
Les grands sentiments
Se justifient
Parlent en tourment
Sur les photographies
Helmut Newton
Nus féminins
C'était l'automne
Vers saturnien
Énigmes, paradoxes
Attirances, résurgences

l'automne

Manque d'espace
Souffre l'Apâche
Tortue sans carapace
Prophétie à la hâte
Inquiétude anxiogène
Amour sans gêne
On perd des forces
On en regagne
L'amour se plait
A se torturer
Comment oublier
Quand on a aimé
Les grands sentiments
Se justifient
Parlent en tourment
Sur les photographies
Helmut Newton
Nus féminins
C'était l'automne

L'Enfer

Quand en enfer on a trop chaud
On rêve d'un vert paradis
Où l'eau claire nous rafraichit
Et où l'espace est infini
Quand cet enfer est étouffant
On se prend à imaginer
Des fleurs des oiseaux des chants
Toutes sortes de joies colorées
Quand cet enfer est quotidien
Et qu'on se lève chaque matin
L'oeil et le front toujours plus bas
Le coeur le corps encore plus las
Tu te rends compte avec effroi
Que cet enfer pesant c'est lui
Le bel amour est mort en toi
Etouffé brisé il a fui
Tu avais pourtant résisté
Clamant contre vents et marées
Qu'il fallait un jour se calmer
Et finir par tout supporter
Mais ton besoin de vérité
Qui t'a toujours fait avancer
Souffle cet air de liberté
Sans quoi tu ne peux exister
Alors tu reprends ton envol
En composant do si la sol
Une autre vie pleine de rires
Une sonate de sourires

Vous êtes sur un port
Eloigné, vous vous êtes exporté
De mon cœur abîmé

Kasiranga

Mousson d'été
Terre débordée
Violentes précipitations
Fugitives migrations
Mondes inondés
Savane submergée
Kasiranga aide moi
Bord Est de l'Himalaya
Une vie de combat

Traverser les voies
Devenir sa propre proie
Affronter le bitume
Avec le poids d'une enclume
Marche périlleuse
Problématique sérieuse
Succède à la mousson
Les prairies retrouvées
Un instant pour souffler
Pour les jeux polissons
Réserve chamboulée
Chemin inversé
Kasiranga aide moi
Bord Est de l'Himalaya
Une vie de combat
Prolixes ondées
L'eau commence à manquer
Paysages blêmes
Savane asséchée
Mares convoitées
Comment subsister
Roselières
Prairie d'herbes
Décor blessé
Sanctuaire de noblesse
D'une certaine robustesse
Kasiranga aide moi
Bord Est de l'Himalaya
Une vie de combat

Rêve de Zambèze

Soleil brûlant
Orage hurlant
Croco somnolant
Hippo barrissant

La pluie torrentielle
Se mêle aux eaux du fleuve
Pour couler doucement
Puis chuter bruyamment
Dans un gouffre géant
La piscine du diable
Attire l'insatiable
Trou glissant infernal
Sensations admirables
Zambèze tu nourris tes enfants
Ton peuple noir
Ton peuple fauve
L'impala broute gracieusement
Le héron guette inlassablement
Le poisson-tigre le poisson-chat
L'éléphant marche d'un pas pesant
Et arrache en passant
Branches troncs d'arbre
Selon l'appétit selon ses envies
La girafe si haute en majesté observe tout son monde
Avec grande élégance
Zambèze, tu es calme et puissant
Tantôt serein tantôt violent
Tu attires et fascines
Mais ta force extermine
L'imprudent qui néglige tes règles et ta loi
Zambèze, tu règnes en maître
Tes colères font trembler mais ta douceur enchante
Et tes eaux continuent à couler !

Migration

Troupeaux sauvages
Oiseaux de passage
Migration d'excellence
Superbe transhumance

Paysage télébenne
Terre qu'on étrenne
Coteaux en fleurs
Vives couleurs
A flanc de collines
Vu sur les près
À flanc de colline
Vu sur ton pré
Flamants rosés
Poudrés à souhaits
A écouter
La liberté
Pâturages
Ou bien alpages
C'était l'été
Dans ces contrées
Des étourneaux
S'en vont en ville
De leurs museaux
Les animaux s'égosillent
Conséquences climatiques
Pas loin le Mozambique
C'était l'été
Dans nos contrées
C'était l'été
Dans nos prés
Migration d'excellence
Superbe transhumance

Transports

Je regarde pétrifiée ce paysage
Esseulée dans le troupeau
Regardez-moi !

Les gens sont des bêtes affamées
Gorges asséchées
Pieds dévastés
Ils sont en cavale, nous avale
Sont-ils poursuivis par les flics
Regardez-moi !
Course effrénée, pressés
C'est pas possible
D'être aussi irascibles
Ils font des pillages
Donnent des coups à tout âge
Bêtes humaines
Au teint blême
Des porcs en transe
Tant d'indécence
L'animal a plus d'allure
Eux vont droit dans le mur
À la merci du temps
Ne savent plus prendre leur temps
Ils sont vraiment asphyxiants
Dans les transports, agonisants
La population grandit
La ville rétrécit
Apparences terrifiantes
D'une vie tellement chiante
S'il y avait une pénurie
Ils se mangeraient entre eux
Soyez heureux
Et appréciez la vie

Balancier

Les chimères s'envolent
Les sentiments s'étiolent
D'un bleu Soulages
Noble et magnétique
La matière nous décortique
Sais-tu au moins ce que je traine
Comment se porte mon abdomen
A quel point les choses nous entraînent
Dis mon amour, crois-tu
Que les amours vont et viennent
Tu disais hier
"On ira voir la mer"
Humer le sel des golfs clairs
J'entends encore ta voix
S'agripper à mon foie
Au diable les pantomimes
Vois ce que tu m'intimes

Sais-tu au moins ce que je traine
Comment se porte mon abdomen
À quel point les choses
nous entraînent
Dis mon amour, crois-tu
Que les amours vont et viennent
À parcourir les hémisphères
Je sens ton odeur dans l'atmosphère
Cartographie de verre
Frissons dans l'air
Protection papier-bulle
Inertie de funambule
On use du balancier
On va pencher pour quel côté
Est-ce que le coussin d'air
Saura nous rendre la mer

Amitié

C'est un endroit privilégié
Fait de sable et de cocotiers
Il fait si bon de s'oublier
Emporté par les alizés

Le matin clair te rend joyeux
A la joie d'être il te réveille
Et qu'il est simple d'être heureux
D'ouvrir les yeux, d'être en éveil

Chaque journée ensoleillée
T'ouvre les sens et les exalte
Tu oses dire et raconter
Ce qui était couvert d'asphalte

Le corps s'émeut, l'esprit sourit
Les mots subtils et malicieux
S'échappent en un ton gracieux
Ils font la ronde et tout est dit

La retenue vole en éclats
Plus rien n'arrête alors le verbe
Ni le vent ni le sel ni l'eau
Les secrets, les désirs sont bien là

Délicieux et magiques instants
Où tout devient clair et serein
Paroles suspendues au temps
De l'amitié pure et sans fin

Ambiguïté

Utopie minuscule
À chacun sa formule
La certitude est un leurre
Le doute un charmeur
Trouble troublant
Fragile et friable
Hypothétique
Énigmatique
Ambivalence d'un soupçon
Richesse par effraction
Le regard se souligne
Lire entre les lignes
Déchiffrer les codes
Goûter aux antipodes
N'être qu'incertitude
Multiples attitudes
Nébuleux
Fumeux
Logique emmerdeuse
Ambiguïté flambeuse
Kafka se métamorphose
Vient l'interprétation des choses

Morsure

Cette morsure là
N'existe pas
Cette mort pour sûr
Ne s'en va pas
On dit que les espoirs espèrent
On dit que les rôdeurs traînent
Que les douleurs
Sont les ambassadeurs du cœur
Les émotions
La profondeur de nos ailleurs
Intensité dans tes bras
Chaleur dans la toundra
Intensité dans tes bras
Chaleur dans la toundra
Facilitateur d'amour
Dessinateur de nos contours
Limites d'un corps
Métal précieux aux abords
Esquille dans mes pupilles
Copeaux jaunis, embargo
Ne vois-tu rien venir
Ne vois-tu rien venir
Où est passé mon sable aurifère
Vois ce qu'on peut y faire
Le vent s'est levé
Le vase a débordé

L'alizé se souvient
De l'amour renversée
Auster se souvient
De l'eau dispersée
D'aussi loin
Que je m'en souvienne
Les mémoires
Nous appartiennent
J'en crève
Que le temps nous soulève
J'en crève
Que le temps nous soulève

Chagrin

Mon cœur est sec
Délavé par les temps
Il a tari dans son coin
Comme on boit
D'un cul sec
Brûlé par ton astre
Pas assez ventilé
Il a brulé de trop t'aimer
Toi solaire
Moi obscure
Dans les ténèbres
De tes cheveux de jais
Que les heures soient
Vespérales ou matinales
Devant l'âtre
Je t'imagine ondoyer
Je brasse, je me noie
Peu importe les peines
Les absents ont toujours tort
Mais c'est à toi que je pense

Réminiscences

Qu'aura été ta peau
Quand sur ton teint hâlé
Est venu l'extincteur de beauté
Bouche rubis
Pupilles caramel
Ta sensualité crue
Rendait mon désir accru
Phrasé singulier
Toucher particulier
Ta force faisait de toi mon rocher
Tandis que ton corps bouillant me réchauffait
Tes lèvres ardentes venaient me consumer
Réminiscences de tes ondulations
Danses oniriques
Je nous revois
Sans toi, sans moi
Tes reflets sans fard
En cavale dans mes pensées
Qu'aura été ta peau
Quand elle s'amourachait de mes baisers
Bouche rubis
Pupilles caramel
Dieu que l'histoire était belle

Remaniement

Qu'est-ce aimer si c'est renoncer
Dois-je cesser de t'aimer
Pour un jour te ré-aimer
Dois-je attendre
Que le temps porte en nous le fardeau
Qu'il esquinte nos peaux
N'y a t-il que la durée qui fait fi d'éternité
N'y a t-il que la distance pour nous rapprocher
Toi mon proche disparu
Toi si près de ma rue
Le temps nous décompose
Comment on en dispose
Faut t-il se laisser dompter
Par les aléas embarqués
Y a t-il un moment propice
Pour éviter le précipice
Toi mon proche disparu
Au coin de ma rue
Pourquoi faut-il toujours perdre
Pour ne plus en soi se perdre
Je vis avec ton fantôme
Dans mon home sweet home
Le spectre de ton être
Me coûte parfois cher
Lémure vivant
D'un amour incessant

La peau

Sans toi je me refais une peau
J'en avais presque oublié
Mes grains de beauté
C'est pourtant sur eux
Que je pouvais compter
Sans toi je me refais une peau
J'arrache les derniers lambeaux
Qui te collaient à ma peau
Je t'époussette
Je te pousse
Je te jette
J'observe les peaux mortes
Blessées, abimées
Je t'avais peut-être
Peut-être dans la peau
Mais c'est fini les sursauts
Sans toi je me refais la peau

La peau

Sans toi je me refais une peau
J'en avais presque oublié
Mes grains de beauté
C'est pourtant sur eux
Que je pouvais compter
Sans toi je me refais une peau
J'arrache les derniers lambeaux
Qui te collaient à ma peau
Je t'époussette
Je te pousse
Je te jette
J'observe les peaux mortes
Blessées, abimées
Je t'avais peut-être
Peut-être dans la peau
Mais c'est fini les sursauts
Sans toi je me refais la peau

Après l'amour

Après l'amour c'est quoi la suite
Après le printemps qui fout le camp
Que se passe-t-il
L'air est plein de toi
Et je me demande
Et je me demande
Où vont bien s'en aller
Tous tes baisers
Sur quelle peau
Finiront-ils par se poser
Sur quel ruisseau
Sous quel manteau
L'air est plein de toi
Et je me demande
Et je me demande
Ce que vont devenir tes baisers
Dans quel soupir
Vont-ils bien s'effondrer
Sur quelle principauté
Sous quel adoré
J'ai gardé tes lèvres en décalcomanie
Pour te coller un peu à ma peau
J'ai gardé tes lèvres en décalcomanie
Pour te coller un peu sur ma peau
Après l'amour c'est quoi la suite
Après le printemps qui fout le camp
Que se passe-t-il
Tes baisers vont s'en aller
Tes baisers vont me laisser
Seule avec l'été

Toute l'année

21 juin c'était l'été
Tes joues poudrées
Tombeaux de mes baisers
21 juin c'était l'été
Tes yeux qui s'agrippaient à mes poignets
Oh tes mots tes mots vont me manquer
Oh tes yeux tes yeux vont s'absenter
23 septembre c'était l'automne
Tes yeux qui cherchaient les secousses
Oh tes mots tes mots vont me manquer
Oh tes yeux tes yeux vont s'absenter
21 décembre c'était l'hiver
Dans tes mots, dans mes mots
Qu'est-ce-que l'on voit
Oh tes yeux, mes yeux
Mais qu'est-ce qu'on croit
Toi, toi et moi
Une histoire toute l'année
Toi, toi et moi
Une étendue de baisers
Revient le mois de mai
On s'est fait la paix
Oh tes mots, tes mots vont me manquer
Oh tes yeux, mes yeux vont s'absenter

Je vais m'acheter un sourire

Survie Hivernale

Une vie à un fusible
Devenir insensible
Péter les plombs
Etre mis hors-tension
Coupure d'électricité
Se faire taxer
De personne endettée
Perdre sa tête dans ses pensées
C'est les dégâts de l'électricité
Une facture pour des fractures
Corps désincarnés
Transis et glacés
Ne me secoue pas
Je vais craquer sous tes bras
Basse température
Estomper les ratures
De nos corps en lutte
C'est les dégâts de l'électricité
Une facture pour des fractures
Entreposer son espoir
Se débarrasser du désespoir
Ne rien lâcher
Amour à préserver
Retrouver le courant
Etre si bien dedans
Revivre les hautes soirées
A nouveau s'enflammer

Derrière-moi

Si je regarde derrière moi
Je vois au loin le clair-obscur
Des souvenirs, éclairs de joie
Moments heureux qui me rassurent
Douce chaleur, vives blessures
Des jours confus, des heures sans voir

Fillette gauche aux longues nattes
Papillon clair au court destin
Qui chaque fois fait l'acrobate
Entre le mal et puis le bien
Fille de miel, fille de fiel

Ado rêveuse et amoureuse
De lendemains beaux et chantants
Elle chemine sans talent
Vers des rencontres chaleureuses
Brin de tristesse, brin de liesse

Idéaliste sans idéal
Femme férue de liberté
Elle avance à grandes foulées
A travers des amours coupables
Feux pour les uns, flamme pour l'autre

Et brûlant tout sur son passage
Elle n'est pourtant qu'une étincelle
Sur la réserve et souvent sage
Sans aucune confiance en elle
Femme de rien, femme de rien

La Mort

J'ai peur de tout ce soir
J'ai peur de toi la mort
J'ai peur de toi la vie
J'ai peur de ce qu'on dit
Je suis tout étourdi

La mort s'est approchée
La mort t'a cajolé
Elle a murmuré: "viens !"
Alors t'as résisté
Et puis tu es tombé

Le sang coule et bouillonne
Tout chavire, se bouscule
Le souffle court ronchonne
Ton univers bascule

Toi si fier et curieux
Courant tous les musées
Toi si respectueux
De toutes les idées

Tout ton corps se déchire
Tu es nu face au ciel
Et même un arc-en-ciel
Ne peut te retenir

Tu n'es plus qu'un humain
Qui à Dieu n'offre rien
Que ses quelques chagrins
Pesant un poids d'airain

La sagesse

Tu t'éveilles un matin
Et c'est déjà très loin
Ta fraîcheur est passée
Tes charmes oubliés
Tu t'accroches et tempêtes
A cette idée bien bête
Que tu pourras lutter
Contre l'adversité
Atteindre la sagesse
Est un leurre qui blesse
Et n'a d'autre intérêt
Que de faire supporter
Chaque jour tu surveilles
Pourquoi tu deviens vieille
Tu colmates, tu crèmes
C'est du pareil au même !
Vrai combat de titan
Tu t'y casses les dents
Chèvre du Sieur Seguin
Dévorée au matin !
Atteindre la sagesse
Ça veut dire que tu cesses
De combattre les ans
Et ce, dès à présent
On te fait remarquer
Que t'es bien conservée
C'est pas un compliment
Que l'on te fait vraiment
Car avoir été belle
Et ne plus être celle
Qui attire les regards
Te donne le cafard

Atteindre la vieillesse
Accepter que tu baisses
Dire adieu à la vie
Et tomber dans l'oubli

Est-ce ça la sagesse ?

Renaissance

Enveloppée d'une cape de soie bleu vert
Elle allongeait le pas, altière et décidée
Le regard méprisant de quelqu'un habitué
A évoluer dans n'importe quel univers
Majestueuse et précieuse, telle une enluminure
Elle entraîne avec elle un flot d'admirateurs
Et déchaîne contre elle jalousie et aigreur
Mais qu'importe après tout la médisance pure ?
Les jours suivent les jours, chaque minute compte
L'enveloppe du corps, l'enveloppe du coeur
Papier de soie léger, cellophane en couleur
Protège l'essentiel, loin de ce qu'on raconte
Et voici qu'un matin où la lumière blesse
Trop à l'étroit peut-être, elle se sent étouffée
Par une carapace, tortue estrancinée
L'enveloppe a durci, l'enveloppe l'oppresse
Voulant fuir cette étreinte, elle s'ébroue et se rue
A l'extérieur des rails, brisant tout au passage
Cheval fou et puissant, elle fait naître l'orage
Renverse les barrières qui entravent sa mue
La loi est transgressée, le confort chamboulé
Tout est foulé, jeté, en ton nom liberté
Elle ne peut plus rentrer désormais dans sa cape
L'ailleurs lui proposant de plus belles étapes
Faut-il faire exploser, éclater, chambouler
Ce qu'on a de plus cher pour oser respirer ?

Charlie

Si le petit Prince revenait aujourd'hui sur la Terre
Il dirait :
"Dessine-moi un Charlie
À l'encre rouge et à la pointe du fusil"
Il ajouterait :
"Pourquoi la Terre saigne-t-elle ainsi ?"
"Pourquoi les hommes sont-ils pris de folie ?"
"Soyons tous amoureux d'une rose
Une rose aux pétales soyeux, à la blancheur
Luisante dans la nuit, filante dans la vie
Soyons tous amoureux d'une étoile
Nous guidant vers un monde meilleur
Un monde où la barbarie serait bannie
Un monde où les religions seraient amour
Un monde où les couleurs seraient complémentaires

S'il te plaît, Petit Prince, reviens nous rendre visite
Et apprends-nous à aimer l'autre tel qu'il est

S'il te plaît, Petit Prince, dessine-nous une planète
Où Liberté ne s'écrit pas avec le sang de Charlie

Charlie

Ici on chiale pour toi
Ici on se recueille pour toi
Ici on ne parle que de toi
On vient de prendre un sacré coup dans la gueule
À côté de ça, c'était rien nos coups de gueule
Il va falloir se le dire
On ne peut rien prédire
Plus rien ne sera comme avant
Tant de choses ont foutu le camp
Ta satire me manque déjà
Même aux susceptibles
Qui aurait pû croire ça
Même ceux qui ne te connaissaient pas
Ne parlent que de toi
Ils disent que tu représentais la liberté
Qu'avec toi on pouvait s'exprimer
Que personne tu ne jugeais
Que rire tu faisais
Y a t-il plus noble beauté à être qualifié
La séparation est toujours barbare
L'est-elle davantage quand elle arrive
Sans crier gare
Quand les mots sont contraints à se taire
Quand l'injustice te fait rejoindre la terre
Mes mots sont verts
Peut-être un peu jeunes, certes
Mais plein de rage
Sentiment qui ravage
Ils virent au rouge et se portent à mes lèvres
À la colère

Tu sais, c'est tout le monde qui t'a dans la peau
Tu m'as appris la liberté de penser et la liberté d'aimer
Toi liberté, assassinée
Je vais continuer à écrire
Je t'immortalise
Pour des traits griffonnés
A la main caricaturée
Pour des mots dits
Qu'ils pensent maudits
Certains tirent pour que d'autres
Ne pas s'en tirent
Pour des dessins mal sentis
Mal interprétés
Des armes de guerre ont frappées
Des larmes amères ont coulées
Espoir, dignité et solidarité
A ton courage, à ton intelligence
A ton irrévérence
Qui n'en n'a pas la ressemblance
On nous a arraché à toi
Mais de toi, on ne se détachera
A notre union, faisons la force
Avec admiration
Encore à toi

Ferguson

Nuit d'émeute à Ferguson
Les cloches sonnent
Révolte pour justice
C'est quoi cette Police
Rêche et bourrue
Un enfant joue
Coups de feu
Pour quel aveu
Petit corps embrasé
Cendres à nos pieds
Non lieu dans l'missouri
D'un policier incriminé
C'est beau d'autoriser les armes
Ça fait couler les larmes
Famille désarmée
Population engagée
Quelle est la bonne version des faits
Qui détient la vérité
Légitime défense
Pour un revolver factice
T'as perdu ta notice
Enfle la défaillance
D'un système abruti
Ethnie démunie
Asphalte souillée
Morale dévastée
Plaies d'un bambin
Noir américain

«Les gens que nous aimons ne seront plus jamais où ils étaient, mais ils sont partout où nous sommes»

Alexandre Dumas

Créations graphiques : © Jennifer Pasquet

Tu es la soeur, tu es la nièce
Je suis la tante ou bien la mère
Mais simplement je t'accompagne
Nous assemblons, nous ravaudons
Les mots, les phrases, les idées
Nous décousons, nous recousons
Au fil des heures, au fil des nuits
Petites mains, petits lutins
D'une ballade à quatre mains
Nos voix se mêlent, nos voix s'emmêlent
Nous osons dire ce que nous sommes
Et fredonner de nos deux voix
Une ombre claire, un clair-obscur
Entendez-vous ce pur désir
De murmurer à vos oreilles
Cette ballade qui nous habite
Entendez-nous et joignez-vous
A nos envies, à nos folies
Nous sommes autres, nous sommes là
Ensemble laissons-nous voguer
Dans l'océan des mots magiques